AF225401

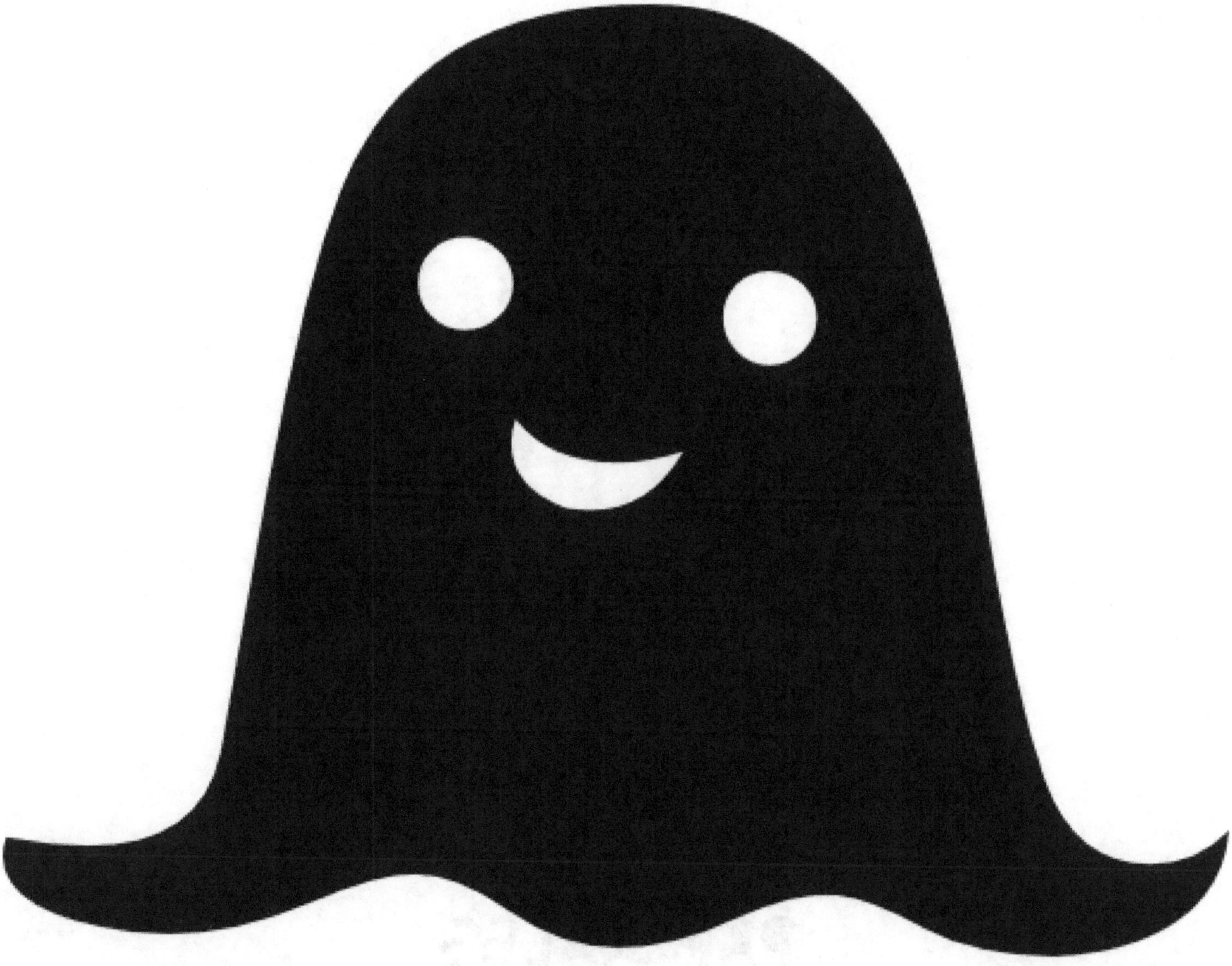

PAPERBLES

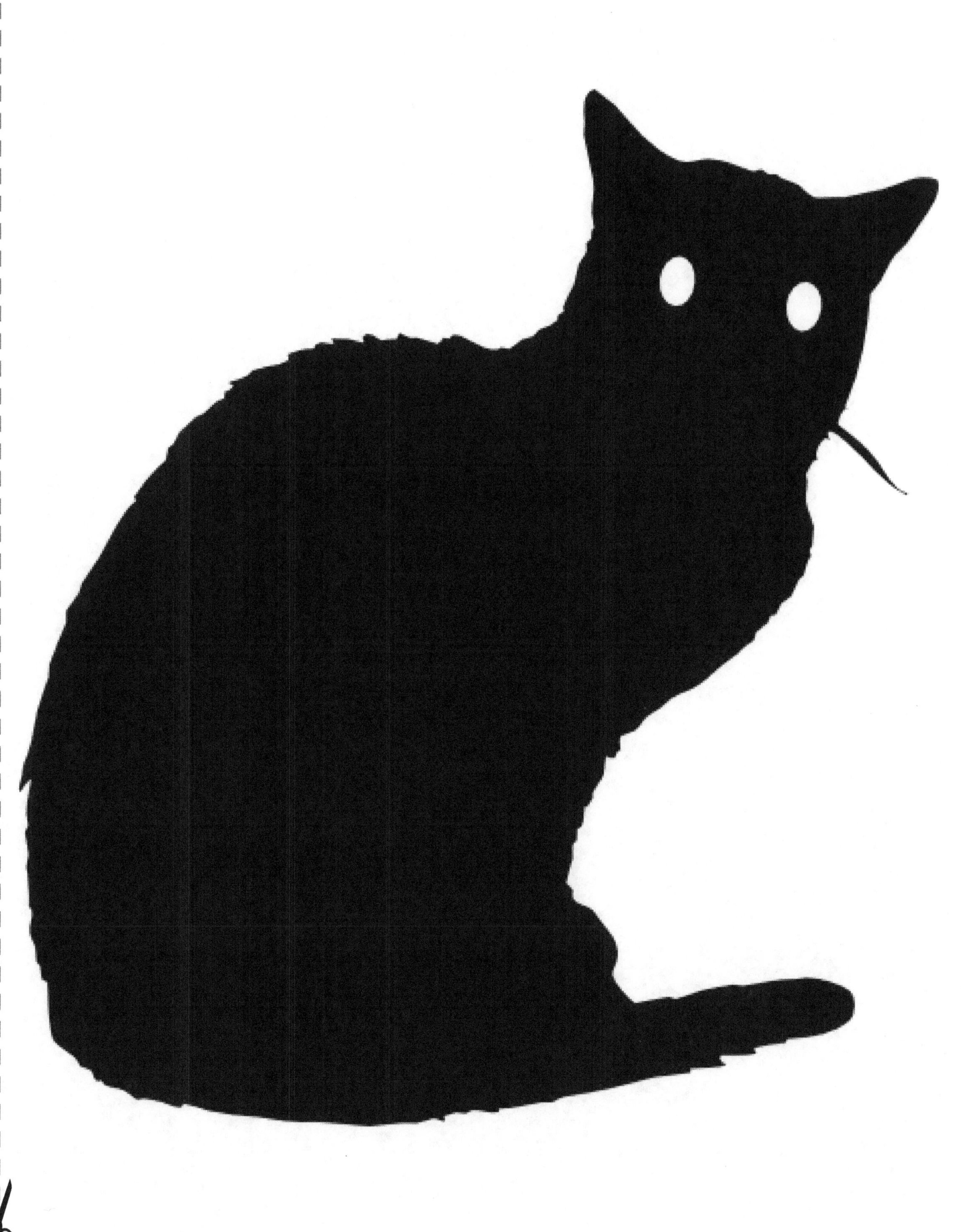

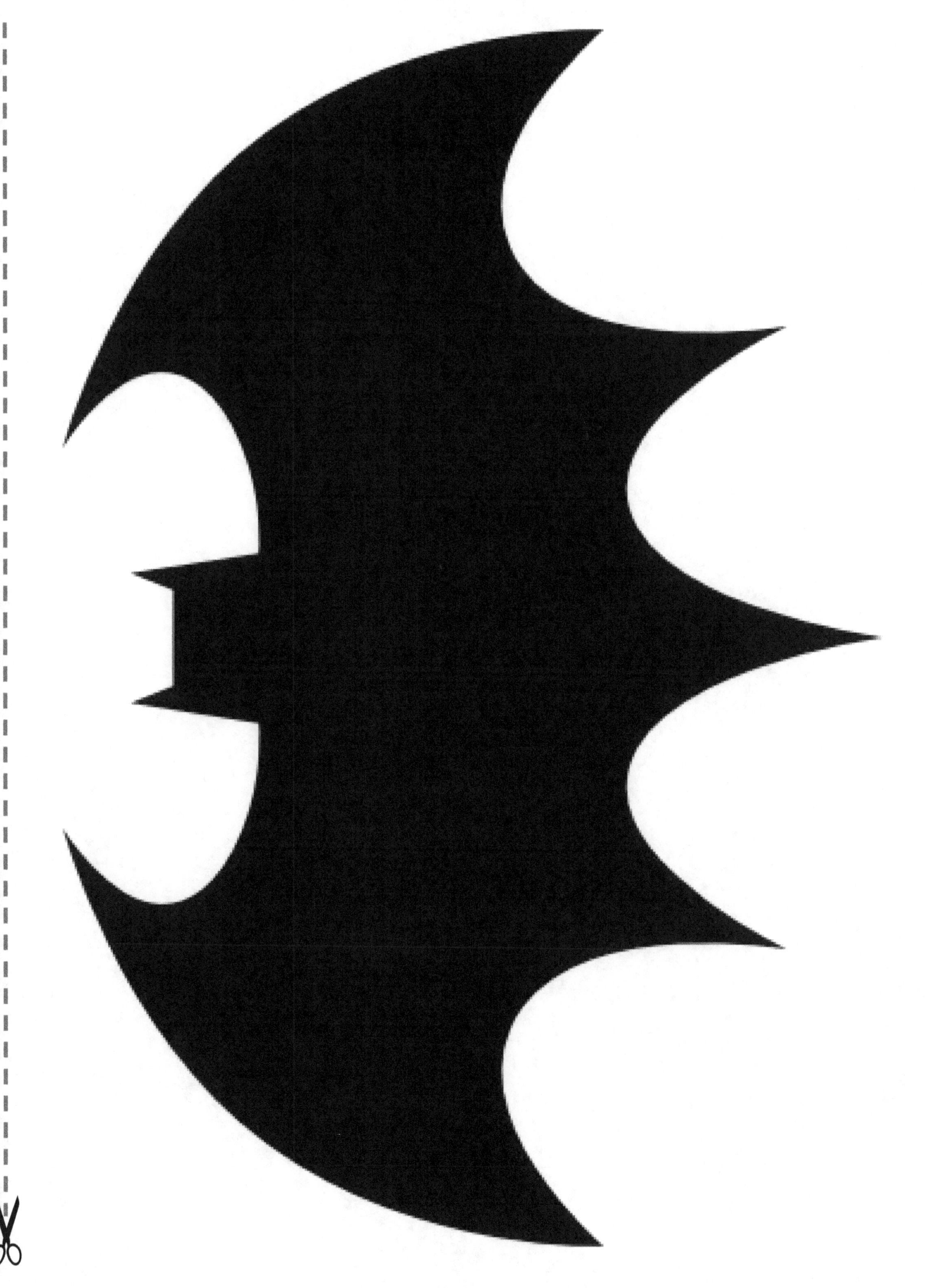

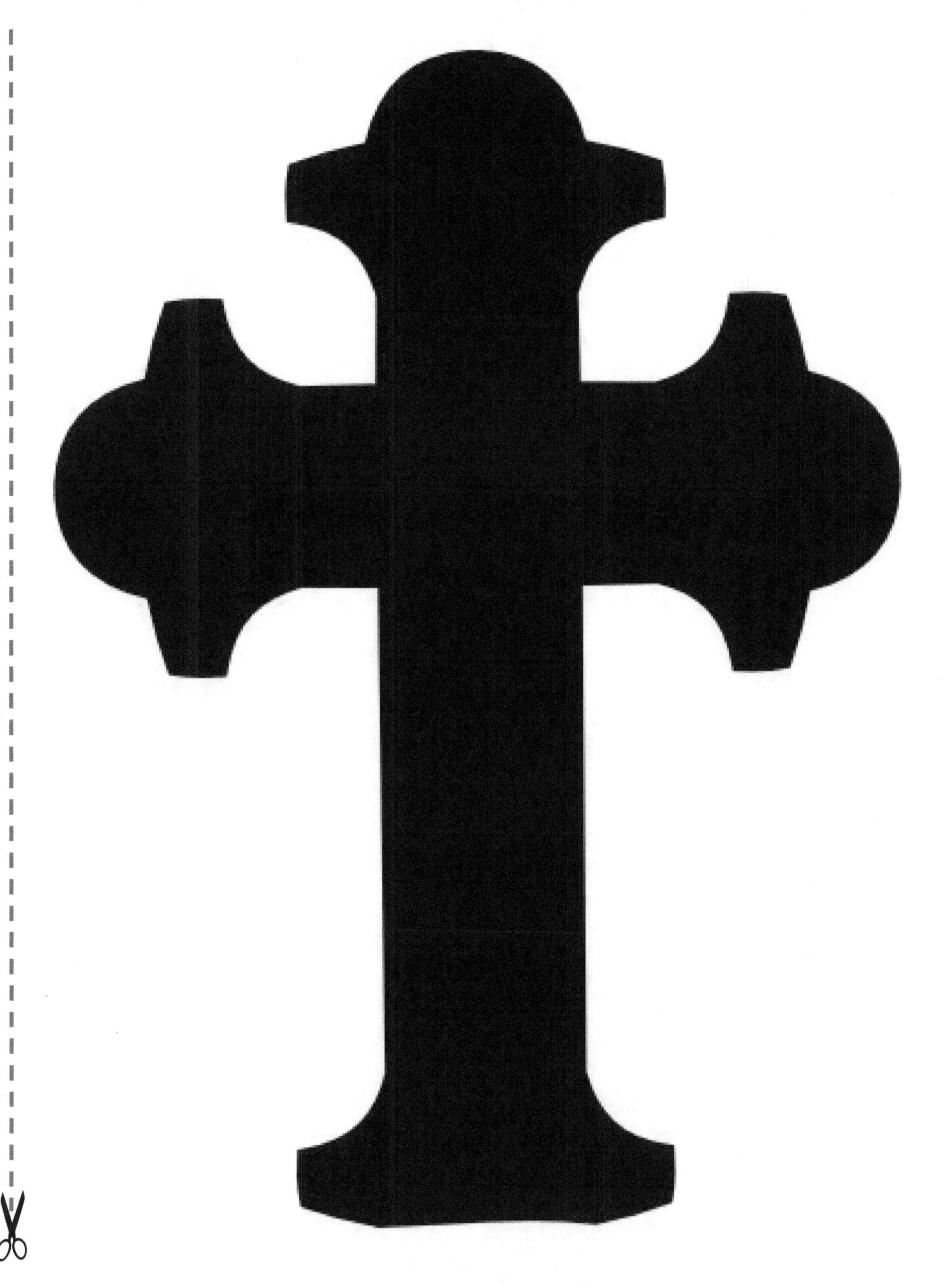

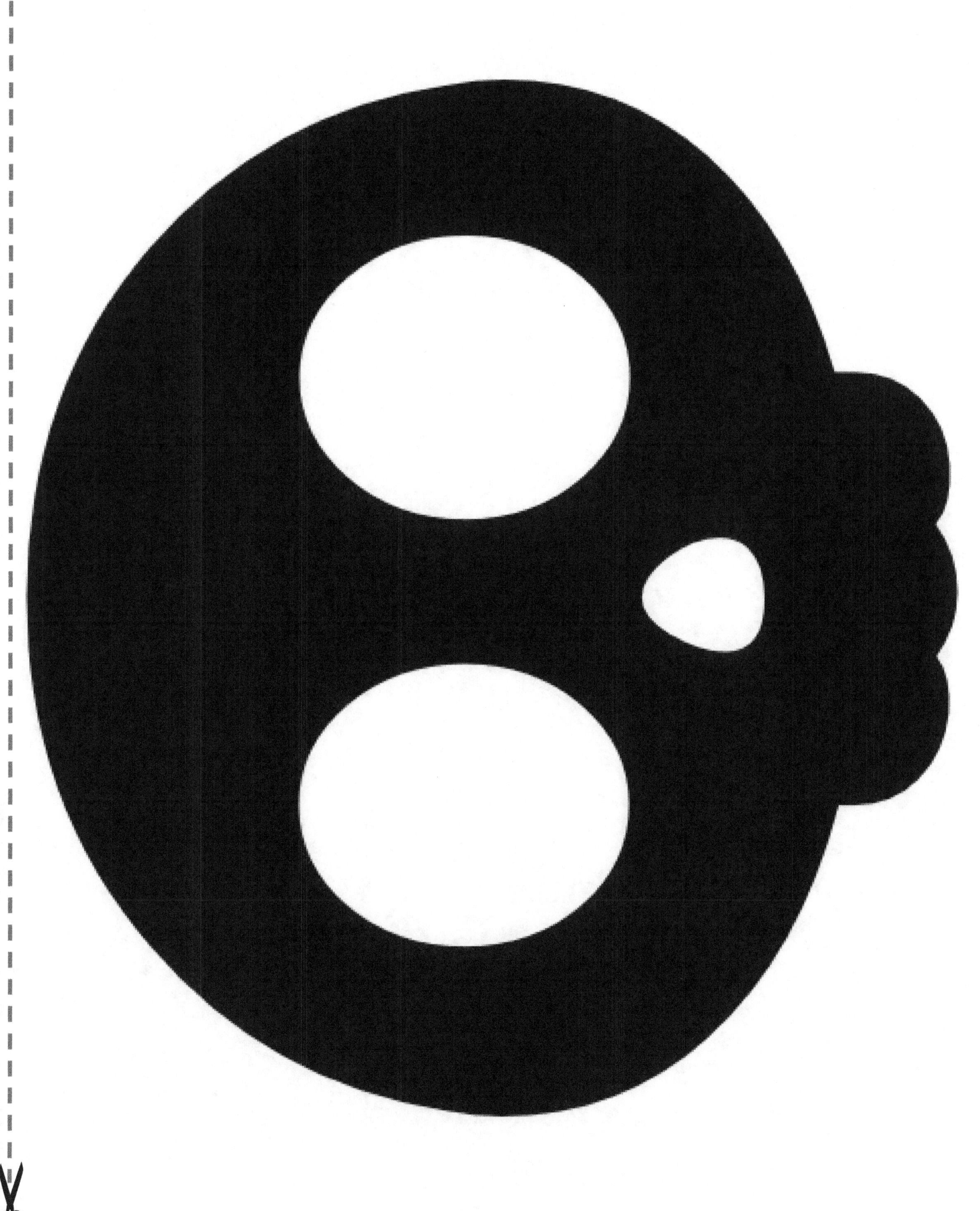

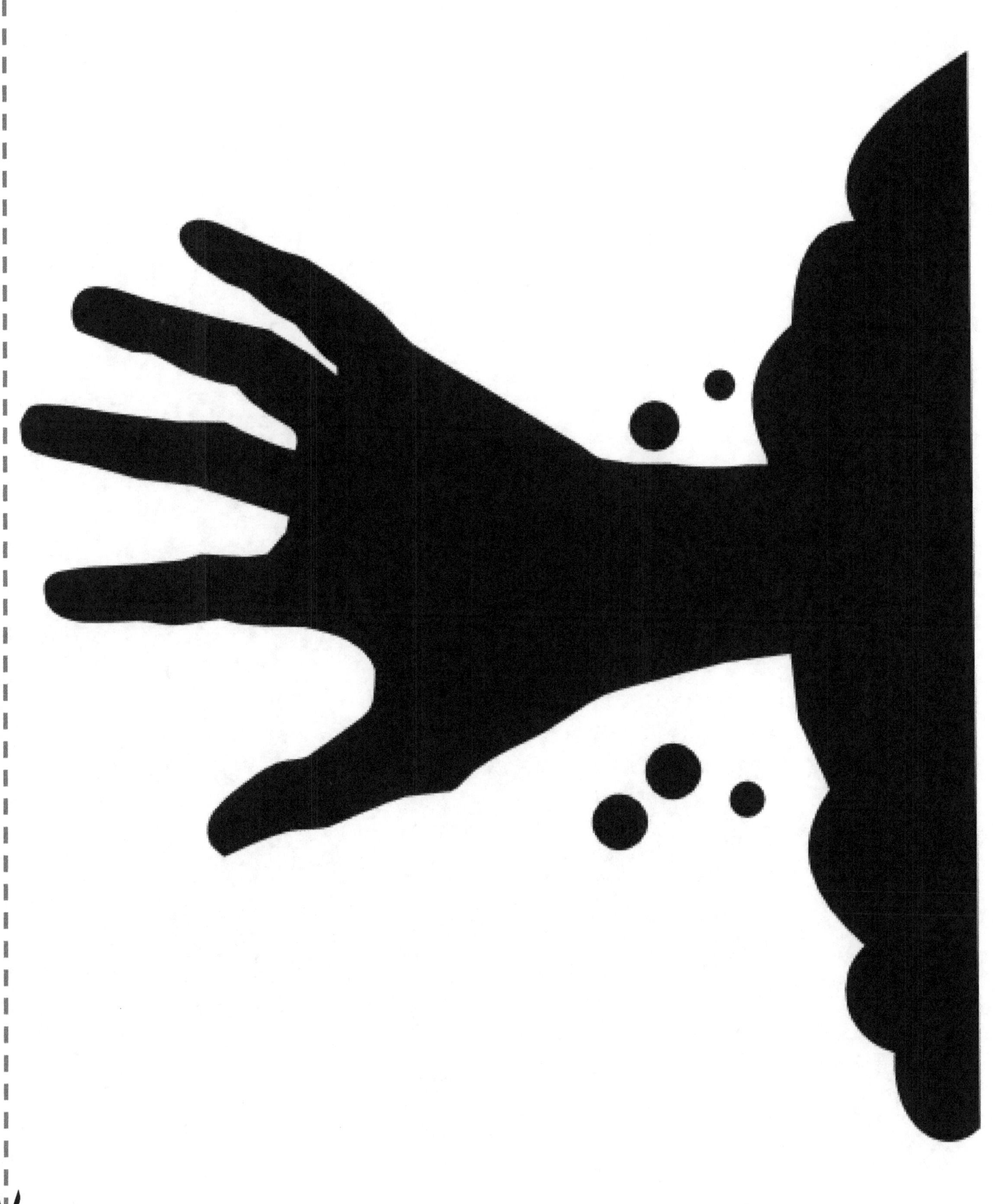

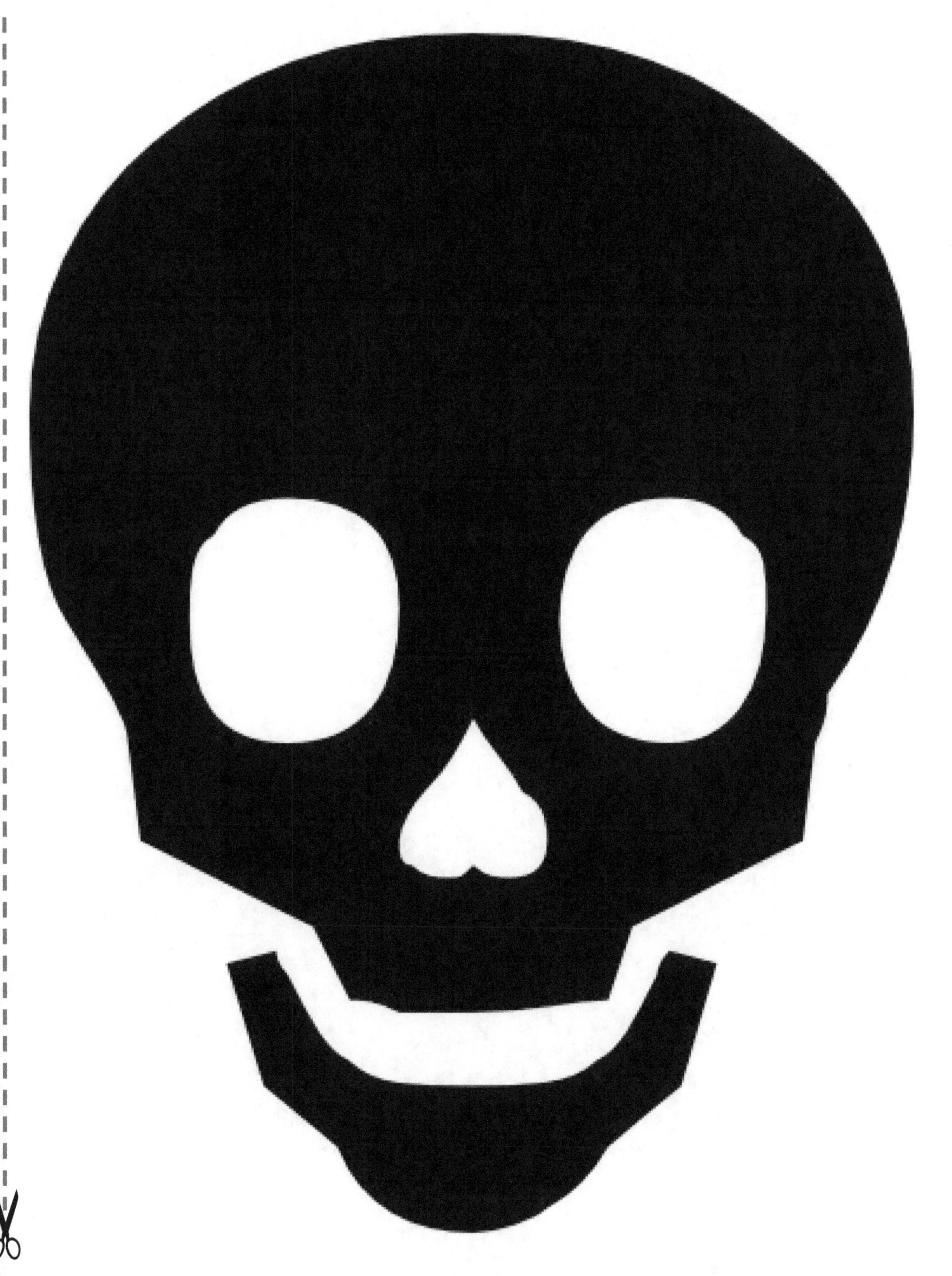

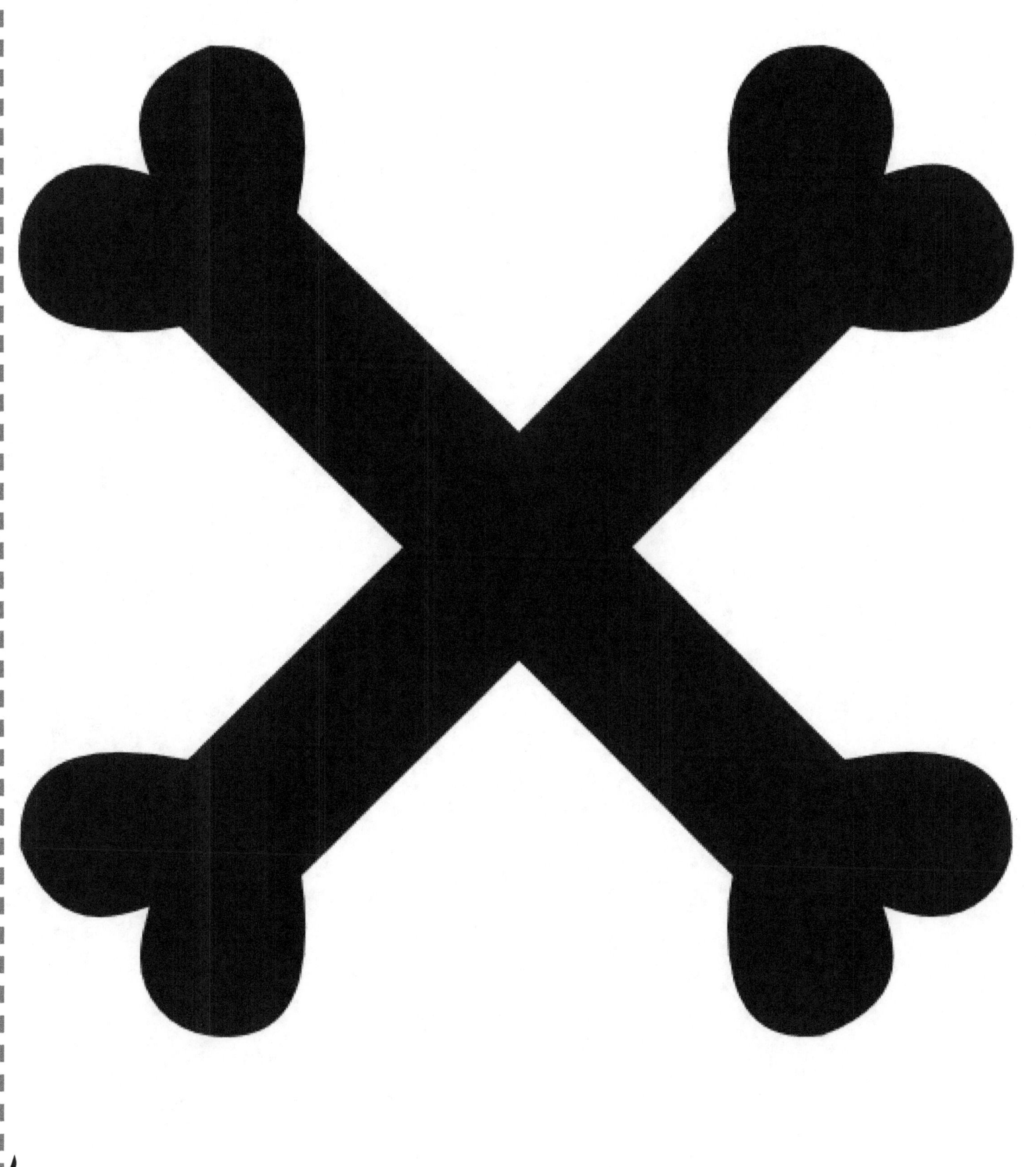

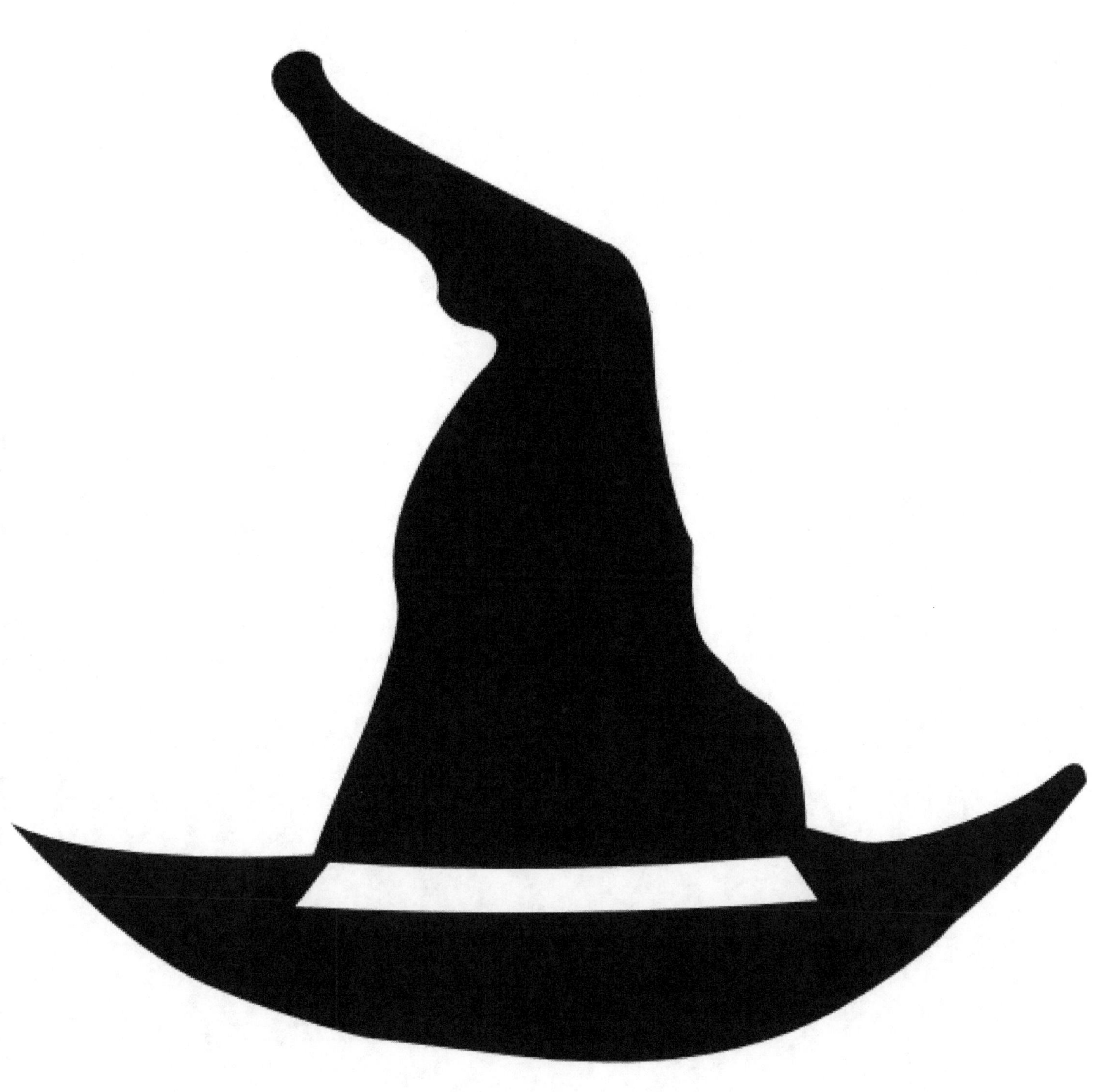

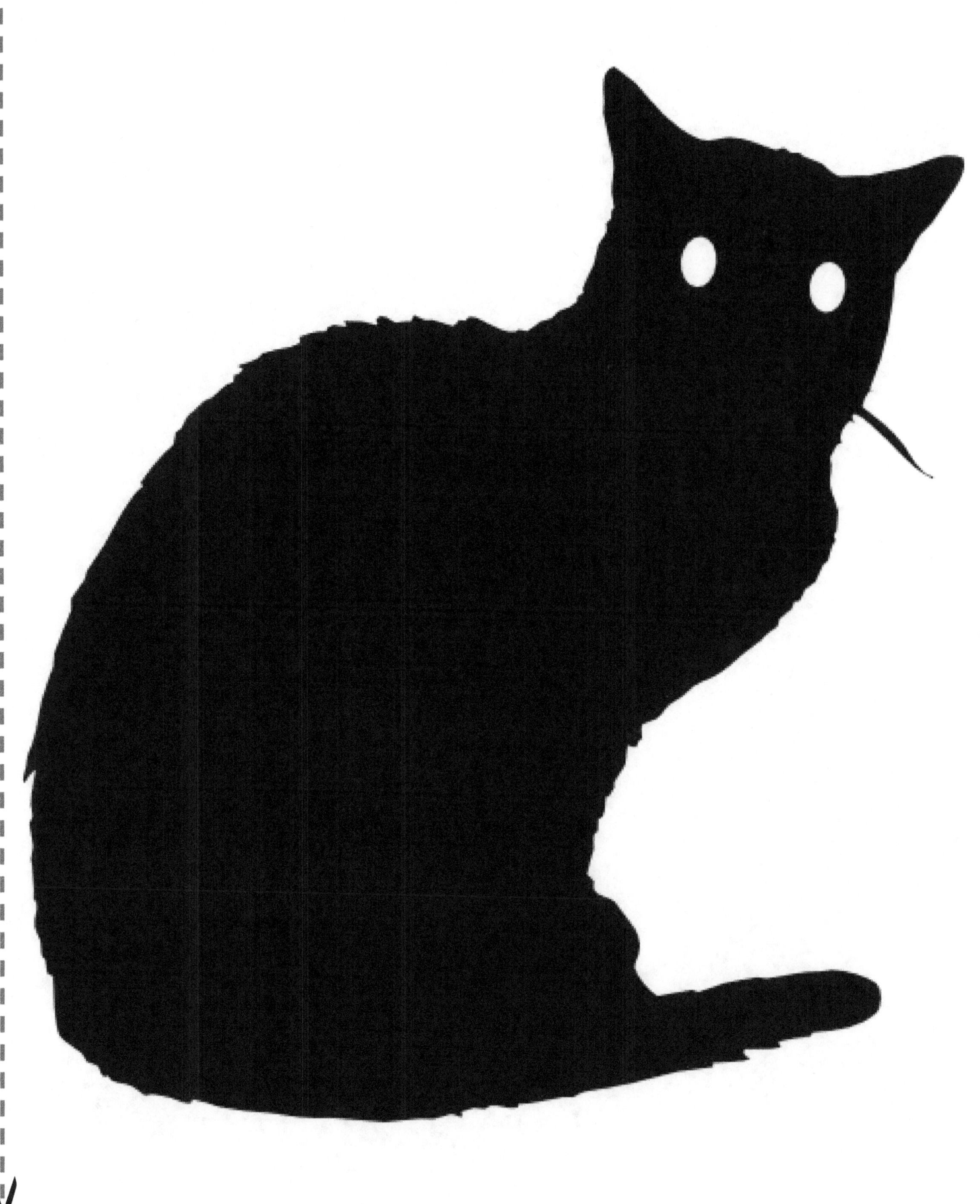

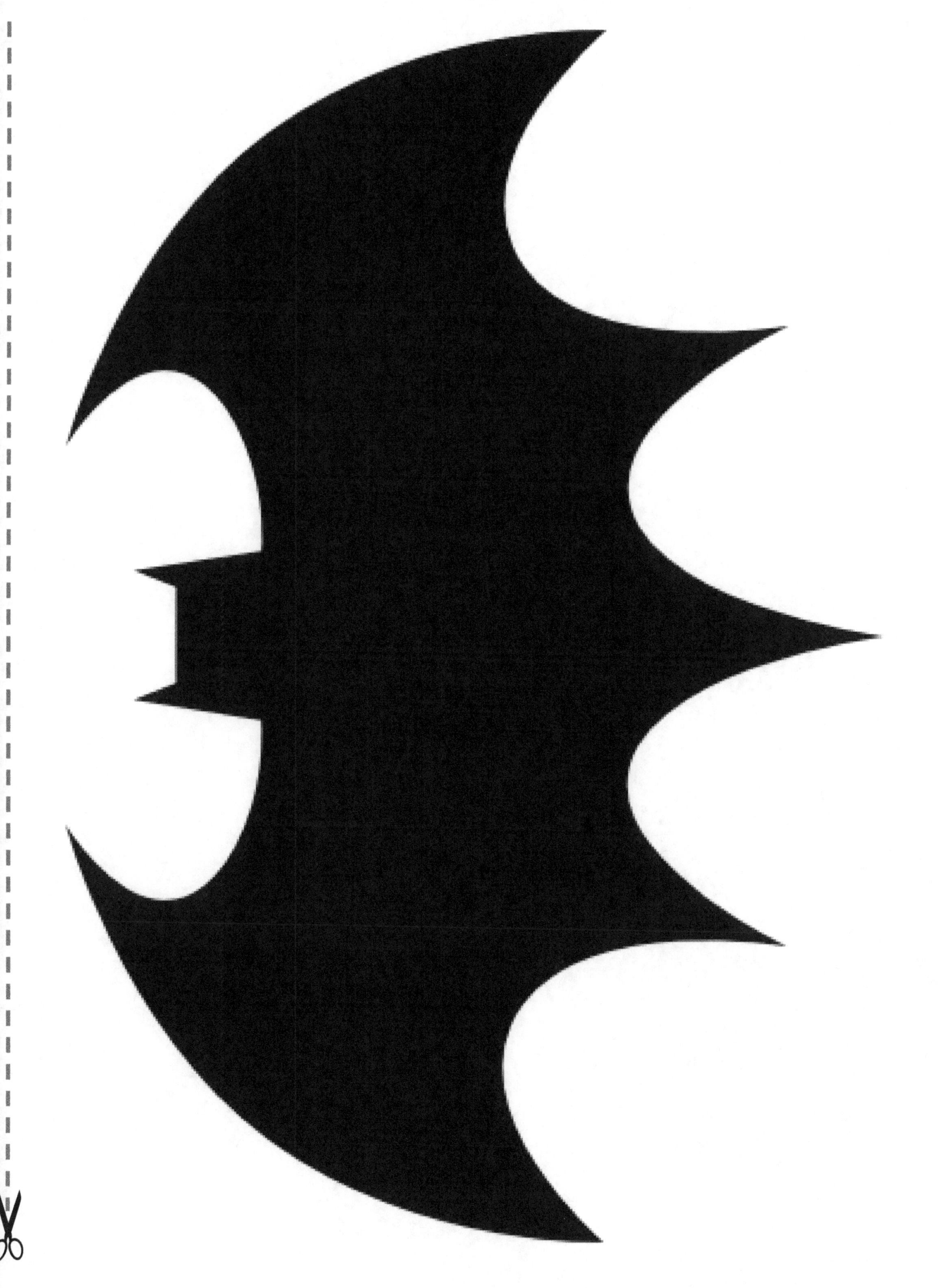

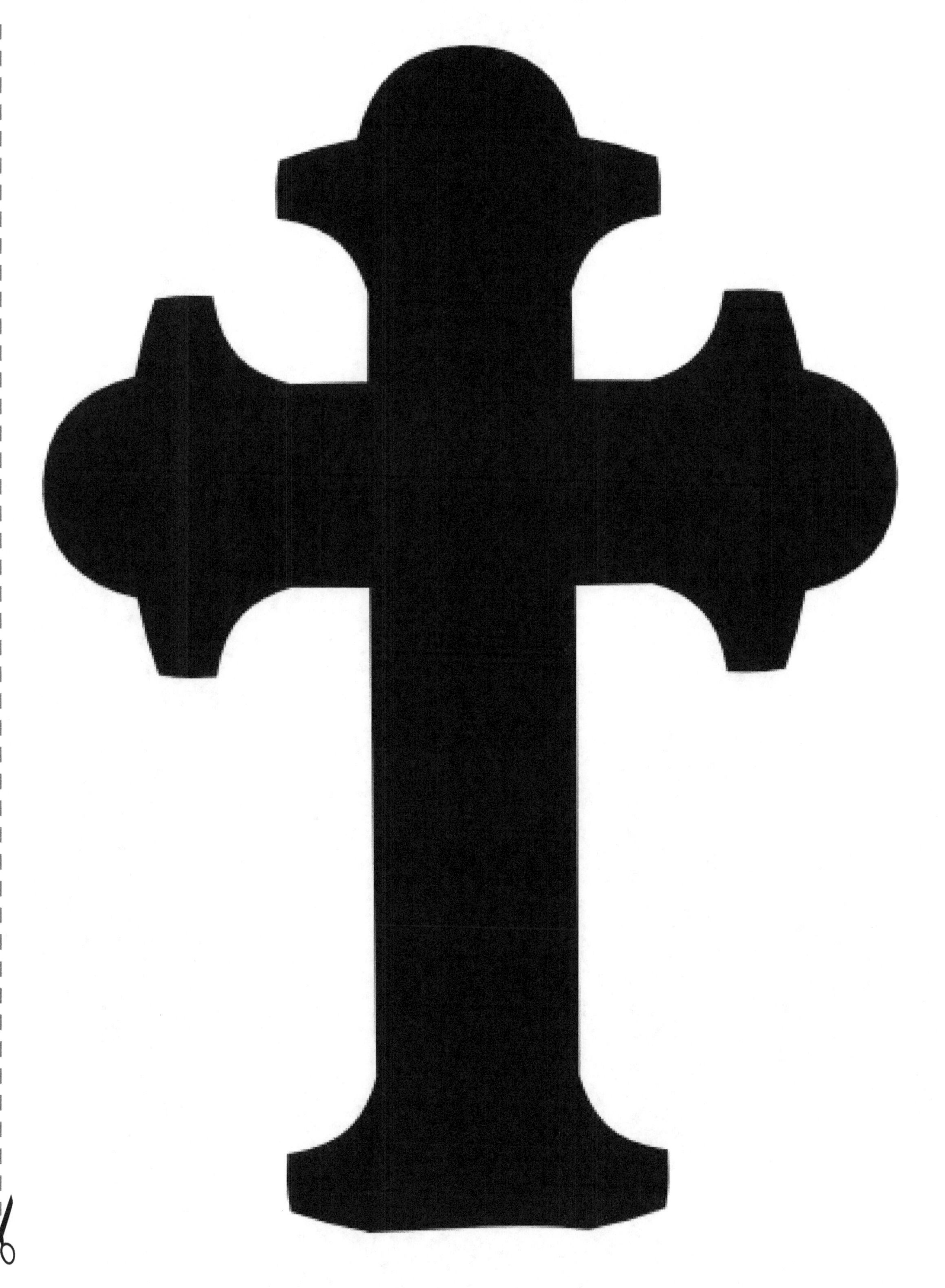

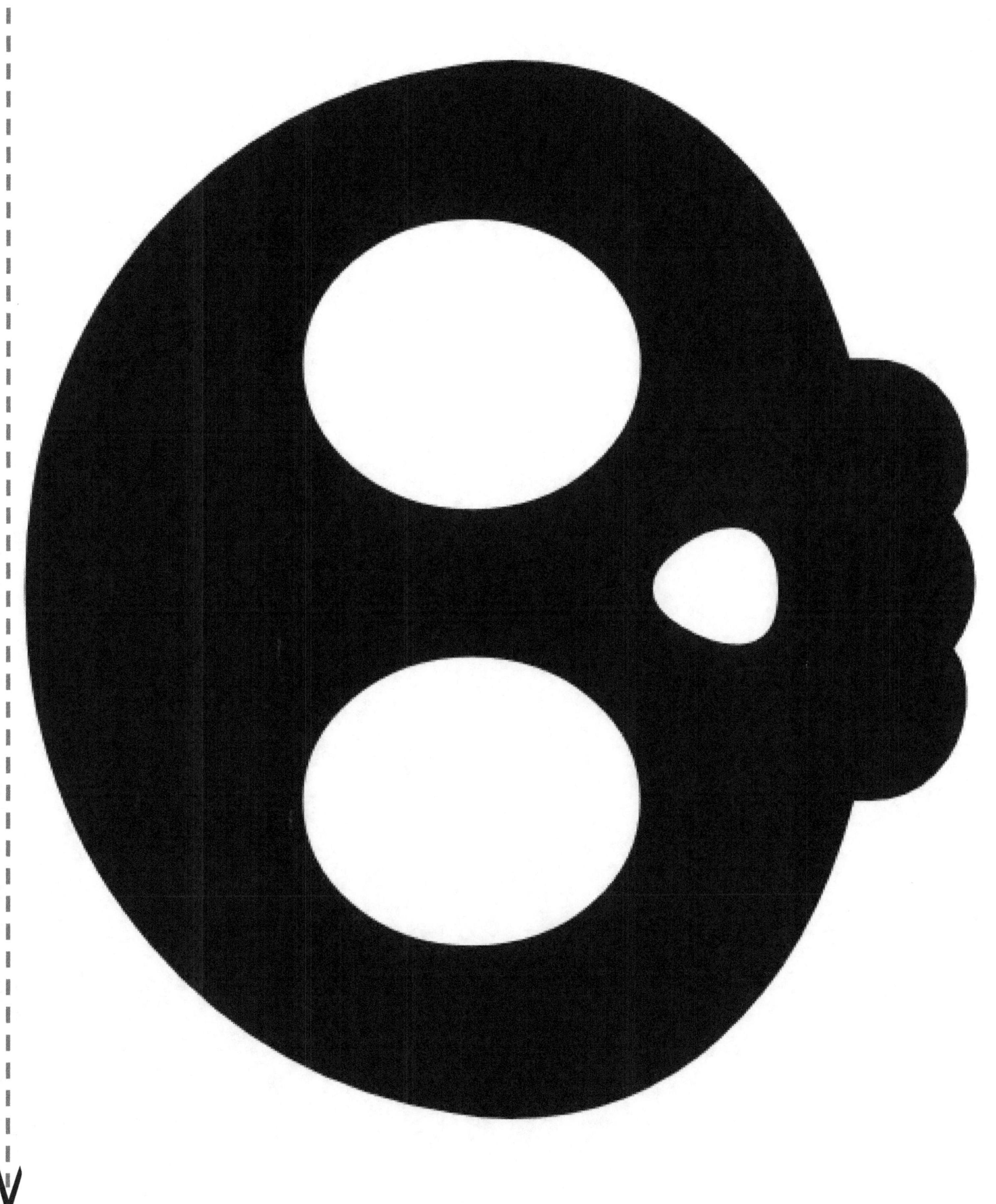

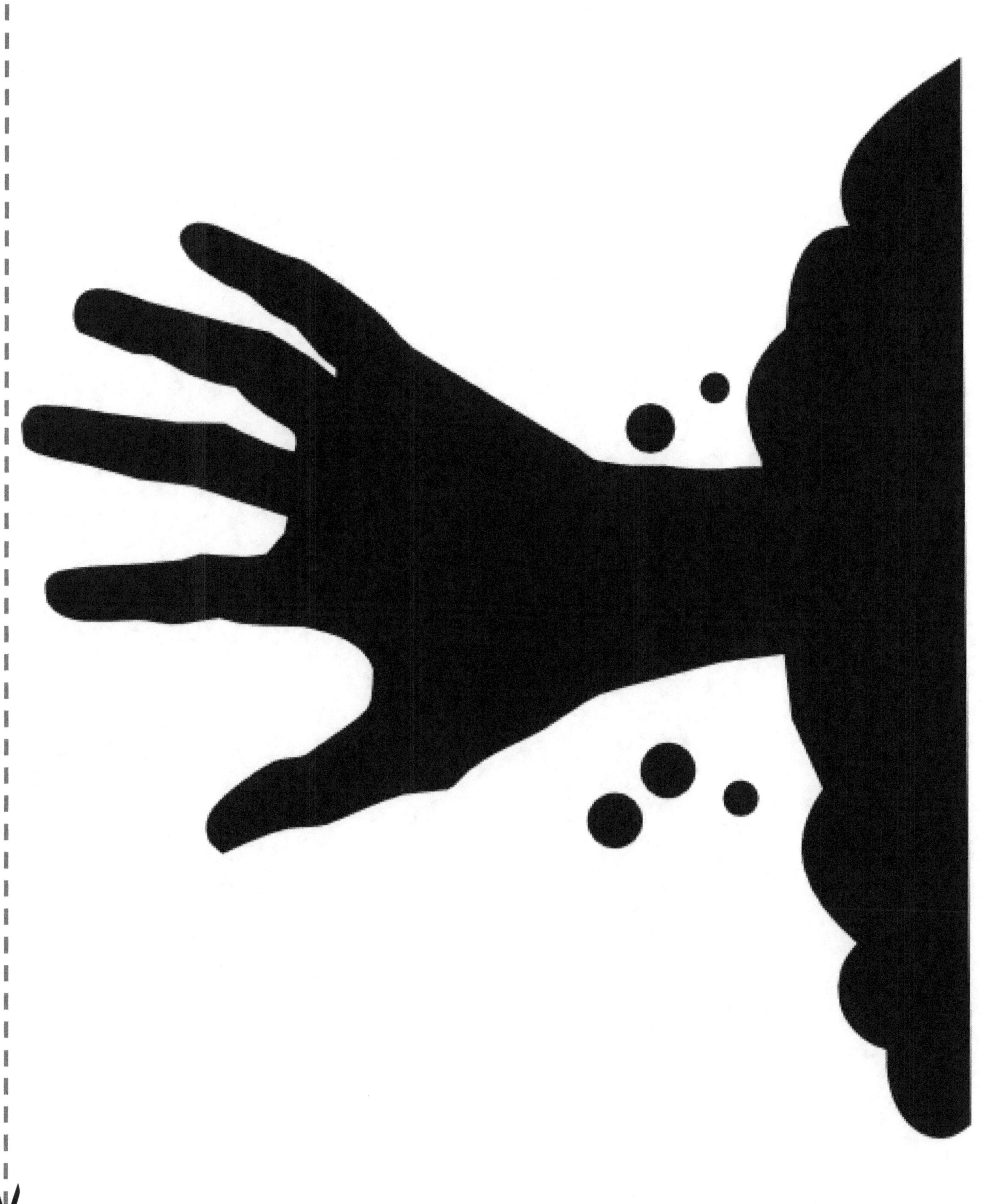

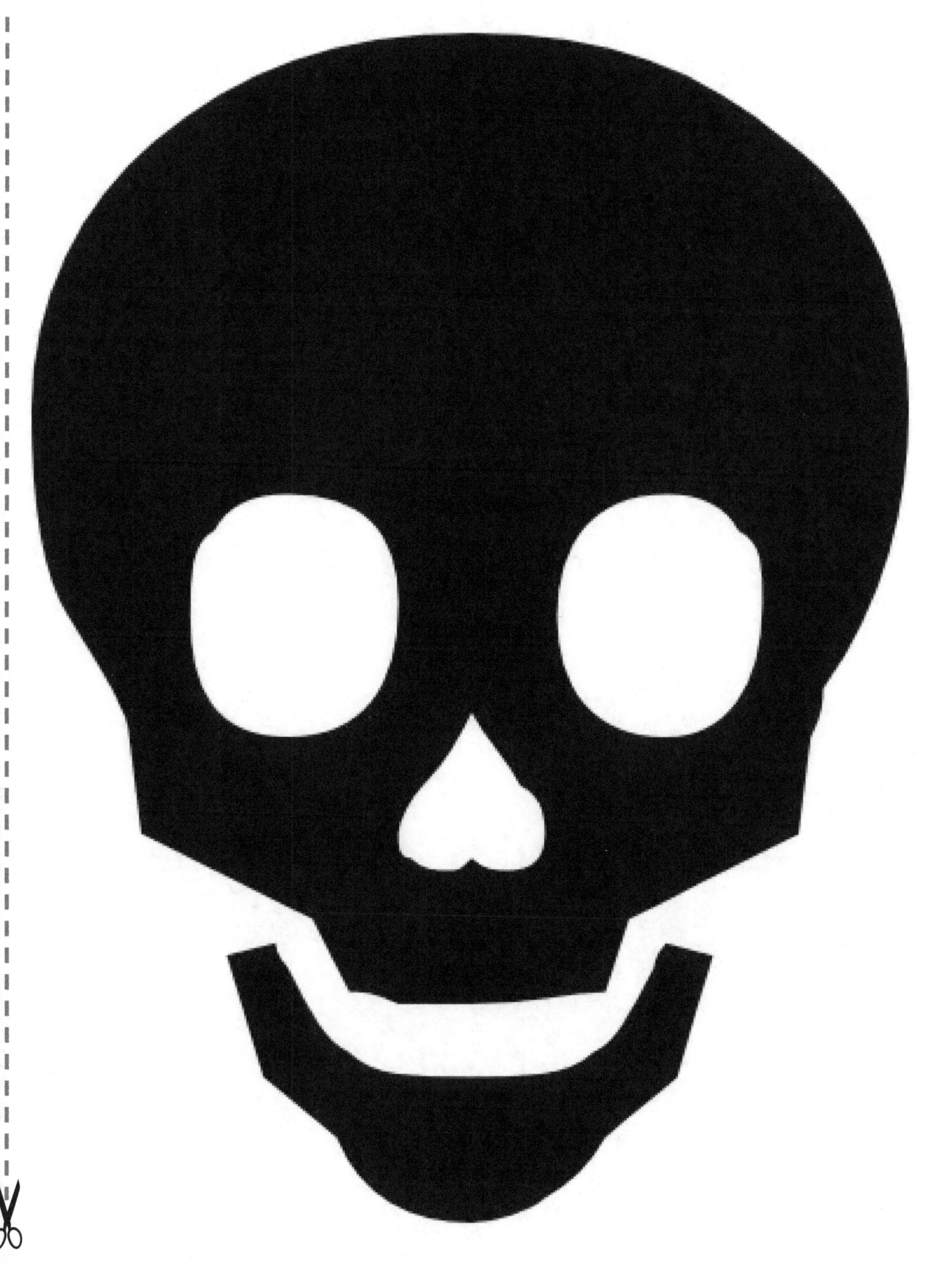

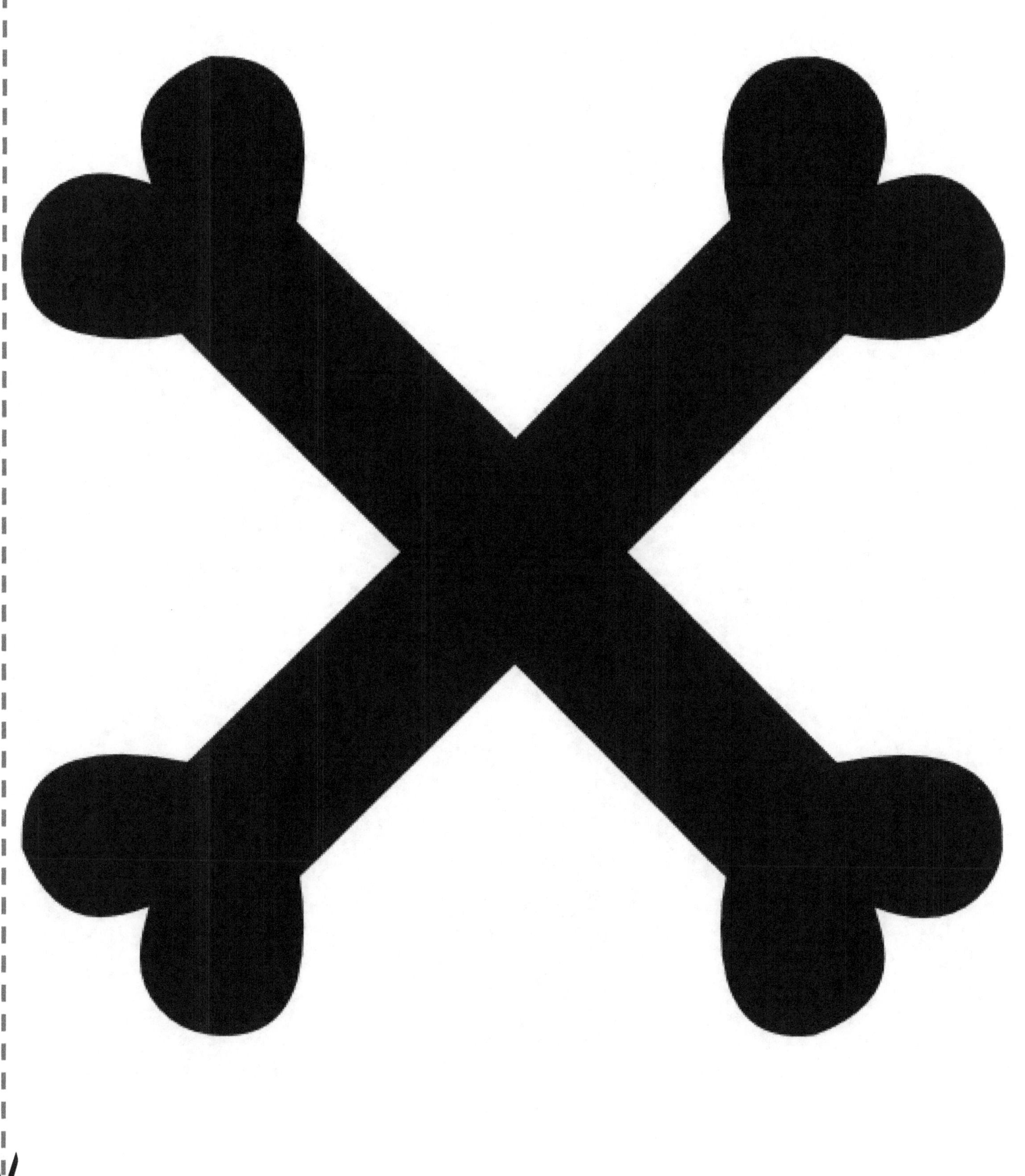

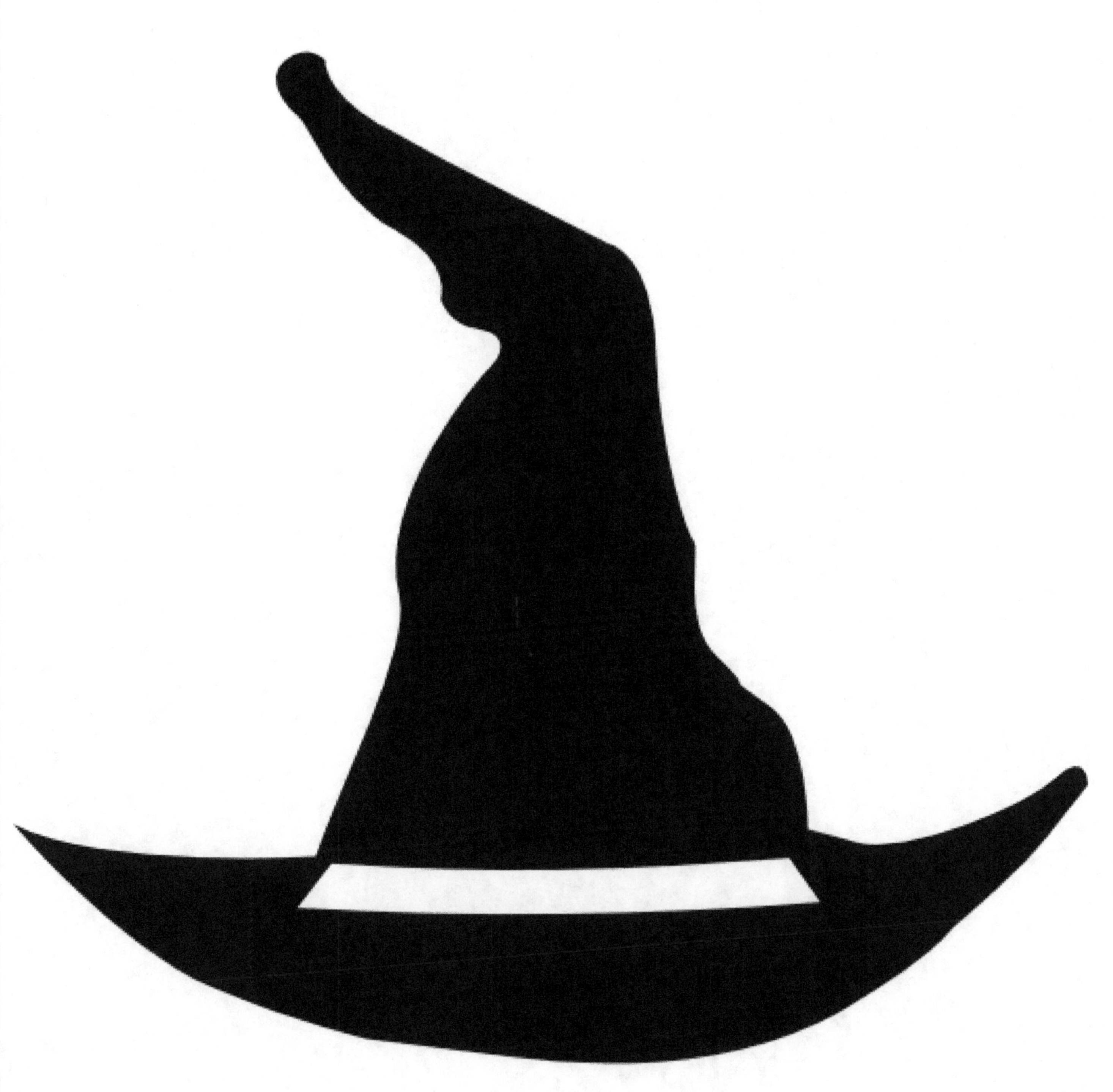

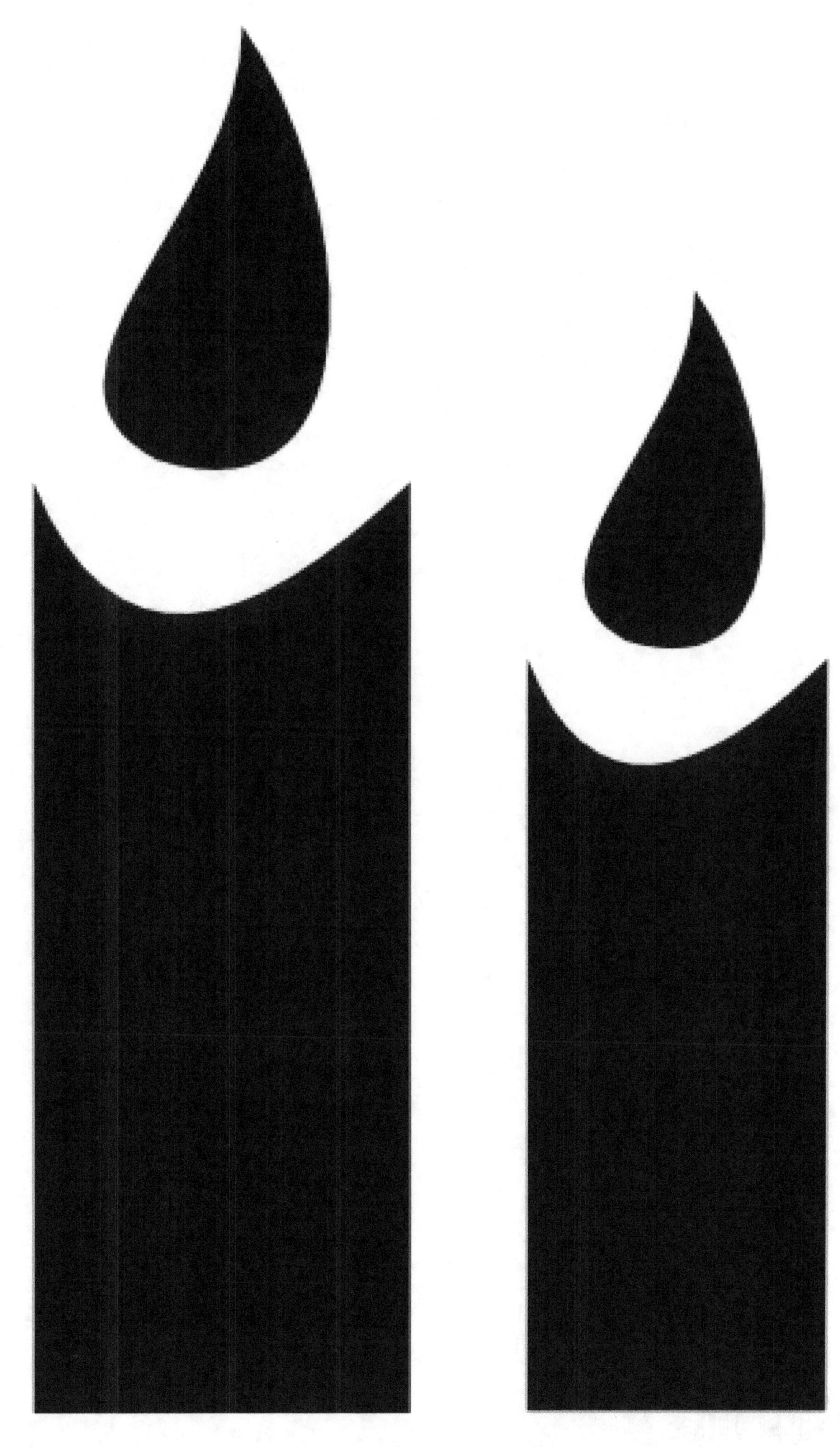